L'INVENTAIRE

ET

LE CHARTRIER

DE L'HOPITAL SAINT-JEAN D'ANGERS

———— o ————

LETTRE A M. P. MARCHEGAY

DES ROCHES-BARITAUD

PAR

CÉLESTIN PORT

ARCHIVISTE DE MAINE-ET-LOIRE

CHEVALIER DE LA LÉGION-D'HONNEUR, CORRESPONDANT DE L'INSTITUT.

ANGERS

IMPRIMERIE-LIBRAIRIE EUGÈNE BARASSÉ
Rue Saint-Laud, 83.

GERMAIN & G. GRASSIN, Ssrs
—
1877

LETTRE A M. P. MARCHEGAY

DES ROCHES-BARITAUD.

L'INVENTAIRE

ET

LE CHARTRIER

DE L'HOPITAL SAINT-JEAN D'ANGERS

———o———

LETTRE A M. P. MARCHEGAY

DES ROCHES-BARITAUD

PAR

CÉLESTIN PORT

ARCHIVISTE DE MAINE-ET-LOIRE

CHEVALIER DE LA LÉGION-D'HONNEUR, CORRESPONDANT DE L'INSTITUT.

———◆———

ANGERS

IMPRIMERIE-LIBRAIRIE EUGÈNE BARASSÉ

Rue Saint-Laud, 83.

GERMAIN & G. GRASSIN, Succ.

1877

Angers, 20 mai 1877.

Mon cher Confrère,

Vous venez de commettre une mauvaise action, — et qui pis est, réfléchie, préméditée depuis dix ans ! Vous en porterez la peine.

Sans provocation aucune de ma part, sans avertissement de la vôtre, sans motif avoué, avouable, qui explique seulement cette attaque indigne, vous avez, depuis dix jours, répandu en ville, à Angers, à Paris, dans tous nos alentours et aux quatre coins de la France (1), partout où j'ai chance d'être atteint et blessé, un libelle odieux ; — et par une indélicatesse particulière et bien rare en toute querelle, où c'est un point d'honneur de saluer au moins de l'épée avant l'attaque, je suis le seul à qui vous n'ayez pas adressé, — fût-ce en communication pour les Archives, — un exemplaire ! — et me voici réduit à emprunter pour vous répondre celui de mon ami, M. Mourin, maire d'Angers, président de la Commission hospitalière.

Si c'est là une manœuvre habile, j'applaudis qu'elle vous profite, — mais à moi, combien elle servira plus encore ! — Dans l'exaspération de la première heure, je vous aurais vilipendé, comme votre esclandre le mérite ; — mais désarmé, — obligé par surcroît de m'absenter pour un rendez-vous de deux jours — et c'est chez un de vos vieux amis indignés, que j'ai pu

---

(1) Il existe un tirage spécial, avec hommage imprimé à chaque archiviste, dont le nom est rempli à la main par l'auteur avant l'envoi.

1

lire cette belle œuvre, — me trouvant au retour tout aussi en
peine pour vous répondre, j'ai eu tout le temps de recevoir, avec
les bons conseils des amitiés lointaines, ces témoignages tou-
chants d'affection, qui rassérènent et qui apaisent. Je suis
maître de moi — et de vous ; — et je me sens de force à vous
le démontrer comme il faut.

Mais quel dégoût ! une rixe entre confrères ! et avec vous,
quelle pitié ! blanchi comme moi sous le harnais ! J'en ressens
pour ma part une horreur invincible ! Emporté dans le courant
d'un travail où ma santé s'épuise, en être réduit par votre provocation inqualifiable à perdre en vaine querelle un temps dont
tous les instants me sont comptés ! quelle misère ! — Ma première
pensée, mon premier cri a été de réclamer la réunion d'un
jury d'honneur ! mais quoi ! la réponse m'est venue de tous les
côtés la même ! Ce n'était pas à moi le premier, ce n'est pas à moi
seul à le provoquer — et le public d'ailleurs n'a-t-il pas été pris
pour juge ? Même à cette heure encore, le coup porté, guéri,
j'allais laisser tomber l'injure ; mais d'autres, plus perfides et
plus méchants que vous, menacent de l'exploiter à votre honte,
au-delà même de vos passions peut-être, contre ma sécurité !

Et puis, après tout, puisque vous m'avez ouvert un compte,
il est peut-être bon qu'il se règle à votre premier ordre. Je ne
vous demande guère de sympathie bien tendre ! Trop diverses
sont nos natures, vous, égoïste et renfrogné, moi, tout en dehors
et l'aile au vent ! — mais chacun n'a-t-il donc pas son train,
sa force, sa vertu ? — et ne pourrait-on filer droit son chemin
sans s'y heurter ? Vous aviez su, — je n'y voyais pas grand mal,
— organiser autour de votre nom une petite bande éparse de
thuriféraires, que vous entretenez de vos bribes, et le long de vos
savantes publications, si vigilantes et si sensibles aux erreurs des
autres, une sorte de terreur qui en défendait l'abord de loin à la
critique la plus timide ; mais il vous plaît de rompre le charme
en vous attaquant à qui ne demandait qu'à respecter vos tactiques
ingénieuses, eh bien ! de gré ou de force, soit ! — Je ne mettrai
pas dix ans à circonvenir par derrière les avenues, à encombrer

les couloirs et à préparer des mines éventées. Si l'impatience vous vient à m'attendre, c'est que vous l'aurez facile (1)!

J'ai rédigé de 1863 à 1866, j'ai fait imprimer de 1866 à 1870, j'ai mis sept ans à terminer l'*Inventaire des Archives anciennes de l'hôpital Saint-Jean d'Angers*, qui « forme, — pour emprunter votre description, — « un très-beau volume, petit in-« folio carré (2), contenant :

« 1° Une *Notice historique* paginée I-XXXII;

« 2° L'*Inventaire* sommaire, pages 1-104;

« 3° Un recueil de documents ou *Cartulaire*, pages 105-166.

« Avec la notice historique et les documents, il a été formé « et publié la même année un volume grand in-8° de 96 et « CLXXXIII pages, sous le titre de *Cartulaire de l'Hôpital Saint-« Jean d'Angers* (3). »

Or, après sept autres années passées, l'idée vous est venue, — triste inspiration! — de me dénoncer à l'administration hospitalière d'Angers et au public lettré de France, comme ayant dissimulé de vous un inventaire, et comme vous dites, votre *Inventaire général des titres de l'hôpital Saint-Jean*, divisé en 36 chapitres, dont j'aurais « profité en affectant de n'en pas dire un mot » et en « m'appliquant à en faire disparaître les divisions établies »; — et rappelant avec une émotion mal contenue votre « pénible et fastidieux travail », vos longues veilles pour l'achever « près de vos vieux parents », vous en prenez

---

(1) Je me suis procuré un exemplaire samedi 19 mai; ma réponse était aux mains du prote mardi 22.

(2 C'est ni plus ni moins un in-4° qu'il faudrait dire.

(3) Ce que vous ignorez ou ne dites pas, c'est qu'il a été fait, de plus, un tirage uniquement de l'Inventaire, même sans la table, distribué comme supplément à la série H des Archives départementales.

finalement à cœur joie sur votre propre science et « mon in-
« signe légèreté », — ma « mauvaise foi, » — « mon peu de
« goût pour l'exactitude comme mon peu de respect pour le tra-
« vail d'autrui. »

Ces gentillesses qui me laisseraient bien indifférent, — je vous
en ai entendu dire tant d'autres sur plus grands que moi ! — s'au-
torisent malheureusement d'une lettre, que vous avez eu l'astuce,
aidé d'une complicité affligeante (1), de dérober par surprise, à
la loyauté, un moment inattentive, de la Commission hospitalière
d'Angers. Ce trait-là, je l'avoue, me blesse au cœur, et je vous le
renvoie tout sanglant ! Qu'après trente ans bientôt vous ayiez
pris soin de vous faire délivrer par un bureau, absolument
étranger, comme il le déclare, à votre œuvre, un certificat d'honneur et de considération distinguée, pour « renouveler » autant
qu'il se peut, votre petite réputation là où vous la sentez en
baisse, je n'y trouverai pour ma part — bien au contraire ! —
rien à dire et le plaisir que j'éprouve à rire m'a toujours pré-
servé du mal d'envie. — Mais que par une maladresse insigne votre agent introduise dans cet écrit, approuvé de confiance, des affirmations... *erronées* et qui visent droit mon honneur personnel et professionnel, — que vous, qui les avez
sollicitées et qui les savez fausses, vous vous en targuiez vilaine-
ment et les affichiez sur la voie publique, c'est une effronterie
dont j'ai trop à souffrir pour que je m'incline sans protestation
devant elle ; et la Commission que je tiens pour composée
d'honnêtes gens, loyaux, de haute et impartiale et bienveillante
raison, — je n'aurais jamais demandé d'autres juges, — regret-
tera tout à l'heure, — sans autre reproche de ma part ni rancune, — de ne m'avoir pas tout au moins appelé, averti, consulté

---

(1) L'auteur de la lettre est M. Léon Cosnier, le seul ami personnel que
j'eusse dans la Commission, et qui m'a accablé *jusqu'à ce jour* de pro-
testations d'estime et d'amitié à toute rencontre. Je l'épargnerai par
respect pour la maison Lachèse, et aussi pour le souvenirde tant de
bonnes causeries et de services échangés.

de près ou de loin, de ne s'être surtout pas mise en garde, au lieu de se laisser tromper, à mon préjudice, par une série d'allégations et de manœuvres que je vais laisser à l'opinion le devoir de qualifier.

Je n'ai jamais, mon cher confrère, *dissimulé votre travail* — et il y a quinze ans, à l'époque où j'entreprenais le mien sous les auspices d'une commission qui le provoquait précisément sur la connaissance acquise de la situation, cette accusation n'eut pas même pu s'énoncer sans trouver immédiatement à qui parler. Les deux phrases de moi, que vous citez, prouvent la peine où elle se trouve même aujourd'hui pour s'étayer seulement d'une apparence. Je les reproduis — L'une extraite d'une note d'un livre, bourré de notes écourtées, n'est qu'une simple *annonce,* si l'on veut, de librairie : *Le chartrier de l'Hôtel-Dieu, déposé presque complet aux archives départementales, vient d'être l'objet d'un inventaire analytique. Ce travail actuellement sous presse est accompagné,* etc., etc., etc. — L'autre est empruntée au dernier paragraphe de ma *Notice* sur l'Hôtel-Dieu : *Le chartrier de l'Hôtel-Dieu, réuni depuis vingt ans aux archives départementales, en représente un des fonds les plus abondants et les plus précieux.*

Je prie qu'on lise et qu'on relise et je n'imagine pas qu'à personne, vienne la pensée qui vous est venue. « Ces deux « phrases, — dites-vous, — avaient *évidemment* pour but de « faire croire que les titres de l'hôpital Saint-Jean, trans-« portés en 1850 aux archives de Maine-et-Loire, y sont restés « dans le désordre le plus complet durant six à sept années, « c'est-à-dire jusqu'à l'arrivée de l'auteur à Angers. » — Il faut être piqué du malin pour raisonner ainsi ! — Passons.

Mais, dites-vous, je n'ai pas parlé de votre inventaire dans ces deux phrases. Hé non ! pas plus que du mien dans la seconde (1).

---

(1) Cette phrase est claire et nette à suffisance, telle que vous la citez, quoique vous y voyez trouble ; mais combien plus claire serait-elle encore, si vous ne l'aviez tronquée, en en supprimant le premier membre :

Cette tâche était, est encore expressément réservée à l'Introduction même de mon inventaire, qui n'a pas été imprimée. C'est
toute une histoire à raconter et *que vous savez aussi bien que moi.*
Mon travail, rédigé pour les Hospices et publié « sur les deniers
des pauvres », comprend, comme vous l'indiquez, *mon* inventaire sans préface aucune ni préliminaires, et vous êtes trop du
métier, pour croire qu'il ait jamais dû paraître ainsi. Il devait, il
doit être précédé d'une *Notice* particulière, qui se trouve actuellement réservée pour la publication de la Série H et de son supplément dont fait partie le chartrier hospitalier, — mais elle
avait sa place indiquée, il y a sept ans, au-devant de mon in-4º,
si j'avais été libre de mieux faire. Mon travail tel quel, — je
n'ai jamais crié au chef-d'œuvre, — a été préparé et poursuivi
jusqu'à la fin, de haute lutte, avec la complicité entière et
avouée, celle-là, de la Commission hospitalière. Elle peut en
revendiquer sa part d'honneur auprès du public savant, qui m'a
applaudi; et vous en étiez! — Assuré, que j'étais, de sa confiance,
et la tenant régulièrement au courant des difficultés journalières
qui m'étaient créées à chaque pas, j'ai préparé et fait imprimer,
au prix de tous les ennuis, de tous les dangers (1) mais avec une
persévérance invaincue, sur les seules données que je crusse
bonnes et sérieuses, — elles sont du reste *aujourd'hui* offi-

---

« *Quelques mots seulement sur le Cartulaire de l'Hôtel-Dieu. Le Char-*
« *trier,* » etc. C'est du *Cartulaire,* cette période prend soin de l'indiquer,
et non du *Chartrier* que je m'occupe, et tout le paragraphe est uniquement consacré au *Cartulaire.*

(1) Ma modeste position même s'y est trouvée en jeu. J'ai reçu dans ce
temps la visite spéciale d'un inspecteur général, chargé particulièrement,
comme il me l'a avoué, des exécutions sommaires. M. Bertrandi, qui
me venait mettre à la raison, débarqué avec des préventions entières,
n'eut pas de peine à rendre justice à ma bonne volonté et n'hésita pas
d'avantage à me le dire. Je lui en garde une vive reconnaissance et le lui
témoigne, à cette heure qu'il est redevenu mon simple collègue, archiviste
de Seine-et-Oise.

ciellement prescrites et recommandées, — un dépouillement analytique, dont la copie d'abord et puis les épreuves devaient être soumises tout au moins à l'approbation de mes chefs, prévenus alors d'idées contraires. Dans la collection des Inventaires officiels, mon livre est le premier, je crois en être sûr, qui porte à ses articles les mentions des folios et des dates, indications indispensables, — c'est simple à dire aujourd'hui, — dont la suppression, si j'y avais voulu consentir, aurait d'un seul coup réduit aux deux tiers ma tâche ; et je me rappelle avec quel intérêt suivaient ma résistance ce loyal docteur Bigot et M. Lemotheux, si ferme dans sa douceur même, et le digne abbé Lejard de la Diriays, qui n'est pas remplacé encore dans le clergé angevin. Je ne parle que des morts, n'ayant pas cœur aux flagorneries qui rapportent ; mais MM. Bourcier et Laîné sont bien en vie, Dieu merci ! et j'ai vingt lettres sous la main qui feraient facilement foi avec eux ! — J'estime encore que ce récit-là vaut la peine d'être raconté sans phrases. Mais dans ce temps le pouvais-je ? Pouvais-je soumettre, sans une sotte affectation de défi, le travail qui devait comprendre l'histoire du *chartrier* et de l'*inventaire* au jugement d'une révision exaspérée par ma résistance même ? J'ai donc publié mon *inventaire*, sans notice spéciale, et je l'ai encadré, pour parer son entrée dans le monde, entre ma *Notice historique sur l'Hôtel-Dieu* et le *Cartulaire*, qui seul lui fait suite et n'en est pas séparé dans l'édition in-8°. Voilà pourquoi je n'ai parlé ni de *votre* inventaire ni DU MIEN, quoique j'en eusse beaucoup à dire.

Je vais m'occuper du *vôtre*.

Vous avez pris prétexte, vous, de vos propres insinuations déplaisantes pour exposer avec quel à-propos vous avez su négocier et obtenir le dépôt aux archives départementales du chartrier de l'Hôtel-Dieu, refusant en cette occasion de vous prêter à des copies « moyennant salaire ». Ces deux faits sont constants sans qu'ils me plongent dans l'extase ; mais M. Bourcier, que j'honore autant que personne, *n'en a pas eu d'autres* à autoriser de son témoignage, et c'est lui qu'on a offensé directement, en couvrant de son nom une intrigue et tout le verbiage qui l'entoure.

Qui pourrait en effet à vous croire, compatir suffisamment à vos peines? redire, assez pour vous plaire! « la réunion, le triage puis « le choix des volumes, registres et liasses » et les fatigues d'une opération « *qui nécessita quelques mois de repos* », puis « le classement des titres », poursuivi en partie, — oh! en partie seulement! — durant les heures du travail ordinaire, — les notes prises, classées chez vous, en dehors des heures du bureau, et les veilles « près de vos vieux parents » — et enfin cette date solennelle du 28 novembre 1853, où fut « terminé à Lousigny « (Vendée), votre *inventaire général des titres de l'hôpital* « *Saint-Jean, divisé en trente-six chapitres !* »

Oh! la bonne histoire!

La bonne histoire, pour qui la connaît comme moi!

Ce chartrier de l'Hôtel-Dieu a été mis dans un ordre excellent et définitif à la fin du xviiie siècle, — et, pour tout dire d'un mot à qui sait comprendre, l'immense majorité de la collection se compose de pièces triées, classées et RELIÉES *par volumes*, avec double table en tête et titres imprimés au dos, — pour le reste, de registres censifs, terriers ou comptes, — le tout complété par une cinquantaine de liasses! — j'exagère, j'en ai compté quarante-huit à votre liste. — Qu'on juge déjà de cette immense fatigue « de la réunion, du triage, du choix des volumes! » Que sais-je? — Or la collection, ainsi reliée à l'avance, a été transférée et alignée tant bien que mal sur les rayons des Archives départementales, où je l'ai trouvée telle quelle à mon arrivée, — mais c'est « *votre inventaire général* aux 36 chapitres » qu'il faut voir !

Vous n'êtes pas un homme léger, vous, capable d'avancer rien sans preuves, et vous ne vous faites pas prier pour donner en effet « aux pièces justificatives, n° XVI, » la *table* importante et vraiment d'un très-bel effet de votre œuvre! C'est grandioso et d'un vrai maître, certes, mon cher confrère, — comme trompe-l'œil. — Seulement vous me prenez pour un sot !

Eh bien! cet inventaire, si beau d'aspect à distance, qui n'est ni sommaire ni analytique mais général, et que vous m'accusez d'avoir exploité, dissimulé, détruit peut-être, je vous confonds tout simplement.... en l'imprimant. J'imprime pour toute vengeance les articles correspondants du mien (1), et plaignez-moi d'en être réduit à vous faire cet affront. — *Voir l'appendice.*

Si la preuve à suffisance se fait à simple vue — que votre rédaction n'a pas inspiré la mienne, puisqu'il n'existe pas d'autre rédaction à « *votre inventaire* » qu'un relevé, informe la plupart du temps, des titres des volumes, il vous reste le droit d'exploiter le reproche qu'en effet « je me suis appliqué à faire disparaître les divisions établies » par vous, — si tant est qu'il faille vous en vanter. *Le seul moyen, la seule chance,* que j'eusse *d'en tirer quelque aide, c'était,* tout le monde le comprend, *de les conserver;* — mais vous savez, ô homme de bonne foi, vous savez *aussi bien que moi* qu'il existe une circulaire ministérielle, du 10 juin 1854, concernant le classement des Archives hospitalières, avec un cadre tout particulier, dont j'ai dû subir, surtout dans les conditions où se poursuivait mon entreprise nouvelle, — sans regret aucun d'ailleurs et sans répugnance, — les prescriptions absolument obligatoires.

J'hésite à tout dire, car vraiment j'ai affaire à trop d'audace en face d'intérêts si minces! Quelques mots heureusement suffiront et je les dirai.

Ce répertoire insignifiant « en XXXVI chapitres, » cet « *inventaire général* » que l'on connaît maintenant, ce travail enfin que vous savez et qui n'est qu'une désignation à vue de nez des volumes, — *il n'a jamais été terminé,* il ne l'est pas encore!

---

(1) Vous m'excuserez de n'en donner que les cinq premiers folios — comme aussi de m'arrêter dans la comparaison du mien aux premiers articles — c'est-à-dire autant qu'il en faut pour le jugement et qu'en peut comprendre ma brochure. Libre à vous de faire les frais du reste.

Quoi que vous en disiez (1), — non par « une insigne légèreté, » bien sûr, — mais par une série inexplicable d'erreurs ou, comment dirai-je? d'oublis, — tout au moins, sauf votre respect, avec une certaine imprudence,

Aucune copie n'en a été soumise au Préfet de Maine-et-Loire,

Aucune copie n'en a été envoyée au Ministère,

Aucune copie n'en a été remise à l'Administration des Hospices, — non pas que vous en ayiez été dispensé pour la peine prise [par votre employé], mais tout simplement parce que vous m'avez laissé, à moi, que vous outragez, la tâche inachevée, — et quand la Commission a visité son chartrier dans les archives départementales, elle n'a pu en constater que *l'installation matérielle* et la belle ordonnance extérieure des registres et volumes alignés sur les planches, mais nullement le classement ni l'organisation intérieure, ni surtout l'apprécier d'après votre travail. Vous n'avez pas réclamé alors ni plus tard de la Commission ce certificat élogieux que vous sollicitez aujourd'hui si étrangement, après plus de trente ans, d'une Commission étrangère; — c'est d'ailleurs de votre part un système! — et, dans l'état, vous ne l'auriez ni obtenu ni mérité.

J'ai sous les yeux les deux copies de votre répertoire, qui ne sont ni l'une ni l'autre de votre main, sauf quatre pages, c'est-à-dire, — j'ai compté, — cinquante-six bouts de lignes de la première copie. Le spécimen, que j'imprime des cinq premières

---

(1) Page 9 : « Dès mon retour, il en fut fait deux copies. La première a « été déposée aux archives, après avoir été soumise à M. le Préfet de « Maine-et-Loire, conformément aux instructions et prescriptions administratives; la seconde a été envoyée au Ministère de l'Intérieur. — S'il « n'en fut pas fait une troisième pour l'Administration des Hospices, c'est « que, *vu la peine donnée* par les deux transcriptions précédentes, l'ar-« chiviste en a été dispensé par MM. les membres de la Commission, « lorsqu'ils vinrent voir comment le chartrier de l'Hôtel-Dieu était installé dans les archives départementales... *Je me suis scrupuleusement* « *acquitté de mes engagements* et je suis ainsi arrivé à un bon résultat, « dont *celui qui en a le plus profité* a affecté de ne pas dire un seul « mot... »

pages, indique la manière de votre travail si commode et les
vides pourtant qui restent à remplir. Cette tâche-là, vous me la
laissiez, et, ce qui est plus fort, *par écrit*, afin, sans aucun
doute, de vous croire représenté encore, par un semblant de
direction, à la part du mérite et de l'honneur.

Ainsi au chapitre que vous cotez XXXII — mais qui figure sans
cote aucune à cette copie, — car c'est encore une chose à dire :
votre table d'un si bel effet *n'existe même pas* non plus, ailleurs
que dans votre brochure, — on lit fol. 33, de votre main :

COMPTES

de 1332

à 1790.

N. B. — Détails à ajouter.
1º Nombre des folios.
2º Noms des comptables.
3º État matériel et (1) observations.

Décembre 1853.

P. M.

Est-ce tout? oh! non. — Au frontispice, de votre plus belle
encre rouge, on lit encore : *Avis à mon successeur.* — « *Il faudra*
« *changer les numéros que j'ai adoptés provisoirement pour*
« *dresser le présent inventaire — et en coller de nouveau au dos*
« *de chaque article, en suivant l'ordre que j'ai cru devoir*
« *adopter; après quoi* IL NE RESTERA PLUS *à faire qu'une table*
« *alphabétique* ». — (23 décembre 1853.)

La pratique, comme on voit, s'allie galamment à la théorie et
n'est pas d'interprétation difficile : — On tire, à la règle,

---

(1) Il fallait dire — 4º *Observations* — Car la note vise *quatre des cinq*
colonnes.

cinq colonnes; on en remplit *une* de deux chiffres ou d'un titre, visible à l'œil nu sur le dos ou sur le plat du livre; on laisse les quatre autres colonnes vides, parce qu'il faudrait y employer quelque temps ou quelque peine, — on en charge son successeur — et on le remercie au bon moment, comme vous le savez faire! — *Nota Bene*, comme vous dites, que cette série seule des Comptes, dont votre note indiquait l'état, ne comprenait pas moins de 256 articles, soit, à elle seule, plus de la moitié du chartrier, où vous en avez relevé 493 (1). Cette peine prise, *il ne reste plus* qu'à établir et à fixer l'ordre matériel! en cotant et en numérotant non-seulement votre répertoire, mais les articles, volumes, liasses, laissés tout désemparés! — Encore oubliais-je la table! la fameuse table « en xxxvi articles »! sans doute.

C'est trop fort!

Mais vous devez être bien fier et bien heureux! Vous avez engagé là une jolie campagne!

C'est le moment de vous mettre en demeure de relire la lettre dont vous a gratifié la Commission hospitalière; j'en ai fait à l'avance le commentaire!

---

(1) Mon inventaire en comprend 658.

Angers, le 15 février 1877.

Monsieur,

Nous avons l'honneur de vous accuser réception de votre lettre datée des Roches-Baritaud, le 5 février dernier.

Aucun de nous ne faisait partie de l'Administration des Hospices lors de la translation du chartrier de Saint-Jean à la Préfecture ; cela vous explique pourquoi, à la lecture de l'ouvrage de M. Port, nous ne fîmes pas les observations qui vous ont si justement frappé.

C'est avec une pénible surprise, que nous avons appris l'omission de la part importante et désintéressée que vous voulûtes bien prendre à la mise en ordre des archives de l'ancien hôpital.

Nul besoin n'était de faire appel au témoignage de M. Bourcier ; mais comme vous nous avez invités à y recourir, notre ancien et respectable doyen s'est empressé d'affirmer que mes souvenirs sont parfaitement d'accord avec les vôtres.

Permettez-nous, Monsieur, de saisir cette occasion pour vous renouveler les remerciements de nos prédécesseurs, et pour nous associer aux sentiments de cordiale estime que vous ont voués nos concitoyens, sentiments dont nous serons toujours heureux de vous offrir l'expression reconnaissante.

Veuillez agréer, Monsieur, l'assurance de notre considération la plus distinguée.

MONTRIEUX, LELIÈVRE, MESTAYER,

A. JOUBERT, L. COSNIER.

« C'est avec une pénible surprise », — ceux qui m'ont lu me comprendront, — que je me suis vu ainsi tout d'un coup accusé publiquement et convaincu, on semble le dire, après enquête, de duperie et de déloyauté, au profit précisément du confrère que j'avais abrité ! — Comment se fait-il ? — Eh ! mon Dieu ! ici comme partout, en tout temps ! un habile ! un meneur ! et une réunion d'honnêtes gens exploités ! ça se voit ailleurs qu'en province ! Seulement j'ai entendu raconter que pour avoir voulu trop loin sauter, Martin butta du nez contre le mur.

Mutato nomine de te

Fabula narratur,

comme dit Phèdre (1).

Dès le jeudi matin 17 (2) une lettre de moi, adressée au président de la Commission, le priait de me mettre en demeure de requérir d'elle aide à mon tour et légitime satisfaction. Mais quoi ! en laissant de côté l'aimable M. Cosnier, de qui j'entends bien n'avoir plus affaire, des quatre autres signataires un seul, m'assurait-on, était présent et j'avais grande chance d'attendre. — Je vis donc M. Montrieux, qui dut être très-surpris de ma visite ! — J'écrivis à M. Mestayer, qui poste par poste m'a répondu. Qu'il me permette de lui en exprimer de loin et publiquement ma reconnaissance. Au moins n'ai-je pas un moment douté de lui qui ne me doit rien, à qui je n'ai jamais eu l'occasion de rendre aucun service et de qui je reste à toujours l'obligé pour tant d'empressement et de courageuse loyauté.

---

(1) Je dis *Phèdre*, vous m'entendez bien, sur la foi de votre science si infaillible et de votre Recueil de *Notes et Pièces historiques*, 1872, p. 2, où j'emprunte cette citation. Mais de notre temps, au collège, on trouvait ces vers-là dans Horace, *Sat.* I, liv. I, vers 69.

(2) J'étais absent mardi 15 et mercredi 16.

Aubusson, 19 mai 1877.

CHER MONSIEUR,

J'ai reçu votre lettre du 17 de ce mois, qui me cause une grande stupéfaction. Je vous ai toujours porté une bien sincère estime et une grande et juste considération ; mes sentiments pour vous n'ont jamais changé, et par conséquent je n'ai jamais eu aucun motif pour vous diffamer, ni pour m'associer à une diffamation pouvant vous atteindre. De même que mon ami et collègue, M. Montrieux, que vous êtes allé voir, je proteste et j'affirme que je n'ai jamais pensé, dit, ou entendu dire que du bien de vous, même dans la réunion de la Commission des hospices, et que je ne comprends pas que l'on m'ait fait dire autre chose. Je n'ai qu'un souvenir très-vague de ce qui s'est passé dans la réunion de la Commission des hospices. Le président nous a lu une lettre de M. Marchegay ; il a fait observer que les faits relatés par ce dernier étaient antérieurs à l'entrée dans la Commission des membres qui la composent aujourd'hui ; puis il a été décidé qu'il serait répondu à M. Marchegay, et quelques jours après j'ai signé, ainsi que mon collègue, la lettre qui m'a été présentée. Mais j'affirme que je ne voulais en rien attaquer votre honorabilité, qu'au contraire je proclame hautement.

J'irai vous voir lorsque je serai de retour à Angers, et j'entretiendrai la Commission de cette affaire, qui m'est vraiment très-pénible.

Recevez, cher Monsieur, l'expression de ma considération la plus distinguée, et l'assurance de mon affectueux dévouement.

MESTAYER.

C'est assez pour moi ; je ne demande rien de plus. Cette parole d'honnête homme, de mœurs si douces, qui trouve dans sa conscience une énergie si ferme pour me rendre raison, me suffit. Elle affirme même l'invraisemblance de l'accusation ridicule dont j'ai démontré l'indignité et il n'est plus rien qui me touche dans le long fatras dont vous vous enveloppez.

Quelques mots seulement pour en finir.

Si vous n'avez pas eu le temps, la force, l'orgueil de remplir, quoique vous prétendiez, vos engagements en terminant un travail *qui ne demandait en tout que quelques semaines*, vous avez eu à suffisance le loisir et la précaution de copier tout au long par devers vous et pour vous seul tous les documents qui vous pouvaient intéresser et que vous n'avez pas su ensuite mettre en valeur. — Et quand on y pense ! Dans tout ce tapage peut-être n'avez vous eu d'autre but que d'écouler — à quel prix ! — cinq ou six pièces qui vous restaient en compte ! — Moi, ma tâche accomplie sans y éviter la peine, je l'ai doublée encore en mettant à la disposition de la Commission et du public le recueil de tous les documents les plus antiques du chartrier hospitalier avec une *Notice*, j'ose dire, étudiée et deux tables minutieuses, dont M. Cosnier, votre agent, qui a vérifié la plus longue mot par mot, m'a attesté, à moi-même, le soin et l'exactitude.

La Commission n'a pas d'ailleurs attendu 30 ans pour me remercier :

« 17 février 1870.

» MONSIEUR L'ARCHIVISTE,

« *La commission a été heureuse d'apprendre que vous aviez*
« *mené à bonne fin votre travail de l'inventaire des archives*
« *anciennes de l'hôpital Saint-Jean, objet de vos soins depuis*
« *plusieurs années.*
« *Elle a parcouru avec le plus grand intérêt la partie de*
« *votre travail qu'elle ne connaissait pas encore, l'histoire de*
« *notre Hôtel-Dieu ancien.*
« *Elle vous prie de recevoir ses remerciements pour la peine*
« *qu'a dû vous coûter ce remarquable travail et d'accepter pour*
« *vous vingt exemplaires du volume in-8°.* »

Ce n'est pas l'ami Cosnier, qui tenait la plume mais la pièce
est signée : C. BOURCIER, *Lemotheux, Legeard de la Diryais* —
M. Bigot, mort le 19 octobre 1869, M. Laîné, démissionnaire le
28 du même mois, n'étaient pas encore remplacés.

Il vous prend fantaisie aujourd'hui de démontrer l'insuffisance
d'un livre honoré de suffrages dont la valeur vous irrite. Laissez
au moins, en dehors de vos embûches, le nom de notre ami
commun, M. Léopold Delisle. Il me connaît comme travailleur,
c'est tout ce que je veux dire de lui ! J'ai eu cette aubaine de
l'avoir pour commissaire dans l'impression du *Livre de Guillaume Le Maire*, et je n'oublierai jamais, — pour en avoir profité
de mon mieux, — avec quelle clairvoyance et quelle précision
il me signalait sur l'épreuve les fautes du manuscrit ou de ma
copie, en les rectifiant du même coup par une modeste conjec-

ture qui, sept ou huit fois sur dix, ne se trompait pas. Eh bien !
il m'avait laissé passer une grosse erreur, que sans lui et au
dernier jour j'ai eu le temps de rectifier à la Table. J'ajoute que
j'aurais pu tout d'abord l'éviter ainsi que la peine que j'y ai
prise, — si j'avais eu l'habitude d'exploiter vos fameux travaux,
car il s'agit d'une date que donne exactement la liste dressée par
vous des documents du *Livre*. La morale de cette histoire est de
vous rappeler par un triple exemple que les travailleurs sérieux,
— ceux qui produisent, — péchent trois fois par jour, et le
sachant, s'entr'aident et s'aiment. — Pour moi je donnerais
mon *Cartulaire* de l'Hôtel-Dieu — même votre incomparable
Cartulaire du Ronceray, auquel vous travaillez depuis 30 ans (1)
— pour la poignée de main d'un brave homme ou la bienvenue
d'un camarade.

J'ai eu l'intention en publiant le *Cartulaire de l'Hôtel-Dieu* d'y
comprendre, — comme l'indique ma *Notice* en tête p. 93, —
« tous les titres du *Chartrier* (2) antérieurs à la seconde moitié
« du xiii° siècle (1250), tous les actes rédigés en français avant
« 1300 et un choix jusqu'à cette époque des principaux actes
« rencontrés. » — Il avait ce but, et, comme je l'ai dit, « cet
« intérêt particulier pour l'administration hospitalière, » de « ras-

---

(1) J'ai dit 30 ans. — N'oubliez pas surtout de mettre un carton pour la
reproduction nouvelle, que vous avez déjà donnée dans la *Bibliothèque de
l'École des Chartes* (1876, p. 245), de cette grande et belle charte de
1127, écrite *en vers latins rimés* et que vous avez copiée et imprimée,
SANS VOUS EN APERCEVOIR, *en prose!* J'avais eu l'occasion d'envoyer à la
commission des *Diplomata, chartæ* une copie de cette pièce, avec une
note sur *Hilarius*, l'auteur de cette rédaction et des *Versus et Ludi*,
édités par M. Champollion. Il est certain que vous n'en avez pas été
avisé puisque vous n'en parlez pas.

(2) Et non d'autre part, pas plus que l'inventaire du chartrier n'a com-
pris les documents étrangers que peuvent posséder les Archives départementales ; et vous le pouviez comprendre, puisque je cite, comme vous
l'indiquez vous-même, page 15, des documents que je n'ai pas reproduits.

« sembler et de mettre en lumière, » c'est-à-dire à son service,
une copie fidèle de « ses origines et des diverses fondations ».
— Dans ces données-là, si j'ai omis quelque pièce, je n'en
éprouverais aucune confusion, et un petit supplément aurait pu
faire œuvre méritoire. Je n'accepte nullement le vôtre comme
rentrant dans mon cadre et j'évite une vérification que vous n'avez
pas même jugé à propos d'aider, ne fût-ce qu'en citant les cotes
de votre savant « inventaire général ». Il me serait bien plus
impossible de discuter, — le voudrais-je, — les dates que vous
contestez, de TROIS chartes, par des assertions tranchantes et
sans preuves, — une seule exceptée, dont j'accepte volontiers
la donnée. J'ai autant de plaisir à reconnaître mes erreurs, si
l'on m'en signale, qu'à taire celle des autres; mais je suis de
ceux qu'irrite certain ton rogue et de suffisance qui me fait
douter de la doctrine.

Je relèverai net, par exemple, et je signale, comme un de vos
procédés à l'usage du lecteur inattentif l'attaque directe que vous
portez, ici encore, contre ma probité littéraire, en m'accusant de
nouveau d'avoir dissimulé la publication par vous des documents
que j'indique comme inédits. — Vous faites grand bruit en indi-
quant trois Recueils périodiques où vous avez donné... quoi? —
Les textes, comme moi? — Oh non! — mais la *traduction* de neuf
documents. — Ce n'est pas vous qui soulignez *la traduction*.

« Qui trompe-t-on ici? » comme dit l'autre.

En réalité, n'ignorant probablement pas l'existence de votre
publication, je ne crois pas en avoir pris connaissance autrement
que par votre second Recueil de *Notes et documents*, paru
seulement en 1872 (1). Mais vous qui connaissiez mon travail

---

(1) La *Revue des provinces de l'Ouest* n'existe qu'incomplète à la
Bibliothèque d'Angers, où manquent précisément les deux numéros qui
contiennent vos articles, c'est-à-dire les pages 354 à 363 du tome V
(1858). C'est une indication que donne le *Catalogue* imprimé dont vous
vous targuez *et que votre bonne foi supprime*. — Je n'ai jamais eu en main
le *Bulletin de la Société archéologique de Nantes* de 1868, date où mon
cartulaire du reste était tout au moins à l'impression.

et mes projets en train depuis si longtemps (1), comment appelez-vous le galant homme qui, ne pouvant dérouter son confrère, lui gâte, autant qu'il peut, la piste où il ne se sent pas de force à prendre pied ?

Un dernier trait de votre gentillesse et de votre délicate confraternité :

Il s'agit de cette histoire d'Étienne de Marsay, dont vous traitez depuis 20 ans et qui se transforme à chaque fois, toujours néanmoins infaillible dans votre assurance suprême. Elle est intéressante et j'aurais vraiment plaisir, à la discuter et à m'y instruire ; car sur ces données-là, s'il les faut admettre, je connais d'autres textes que les vôtres; mettons que c'est partie remise aux kalendes! — mais dès maintenant vous laisseriez volontiers croire que je vous ai dérobé, — avec les chartes originales que j'imprimais — les renseignements que j'y ai uniquement puisés. Vous réimprimez, vous, le début de votre notice en la rectifiant, et en l'interrompant juste au point où d'autres erreurs s'affirment, que je ne vous ai pas empruntées, je pense (2), — et vous me laissez pour compte « *l'erreur la plus forte*, résultant de ce que « [j'ai] dit le sénéchal *un anglais amené en Anjou par Henri* II. » Or c'est ici que je vous arrête, demandant à m'acquitter de cette erreur-là, dont vous triomphez. J'affirme que c'est à vous que je la dois; c'est vous dans ce temps, où je me plaisais à vous communiquer naïvement mes projets d'étude,

---

(1) Vous avez eu la bonté d'en donner l'annonce dans le t. II, des *Mémoires de la Société Linnéenne d'Angers*, reproduite dans votre Recueil de *Notes et Pièces*, 1857, p. 399 : « Les statuts de l'Hôtel-« Dieu, écrits en latin, sont inédits; M. Cél. Port, archiviste de Maine-« et-Loire, les publiera prochainement. »

(2) Ainsi, vous qui affirmez de si haut, d'après une note xviiie s. du volume B 73, qu'Étienne est mort en 1190, — j'avais dit par simple critique vers 1190, — vous le faisiez mourir dans ce premier travail et quoique vous connaissiez bien le volume B 73, « une quinzaine d'années » avant 1209, c'est-à-dire en 1195. Mais vous ne répétez pas ce passage de la page 151 ; et ce n'est que sage.

qui m'avez assuré en avoir rencontré la preuve dans des titres et rôles anglais, que j'ai vainement compulsés et fait compulser à Angers, à Paris, me résignant à bout de peine à douter plutôt de ma recherche que de votre bonne foi. Vos amis, les miens s'en souviennent, — comme aussi du ton d'aigreur, qui vous est propre, avec lequel vous avez relevé déjà une première fois cette même allégation, dont je leur rappelai alors l'origine. Moi, sans autre rancune, à la première occasion trouvée de me rectifier, voici que je m'excuse (1) d'avoir parlé ainsi « un peu sur la foi de Ménage, *mais surtout me fiant à de plus savants que moi* », — un savant! un plus savant! vous vous êtes reconnu, bien sûr! — et je m'empresse de me référer, en vous citant, à vos « indications nouvelles ». Foin de moi! Vous vous trompiez! Une troisième histoire vous est née au contact de communications étrangères, — et c'est vous encore qui osez (2) me régenter pour m'être laissé par deux fois dérouter par vous sur une question délaissée par moi depuis si longtemps.

J'ai en effet depuis ces sept années semé de par le monde plus de deux milliers de pages, la valeur de 10 à 12 grands et gros in-8° compactes, à deux colonnes, dont vous m'exprimiez, — naguères vraiment et par écrit, — votre admiration! Vous qui exploitez l'œuvre maintenant à belles mains sans crier gare (3),

---

(1) *Dictionnaire de Maine-et-Loire*, t. ii, p. 603, col. 21.

(2) « Dans *ma rectification* relative à la nationalité d'Étienne, j'ai « formé une *conjecture erronée*, mais que M. Port a admise sans réserve « aucune. » Il faut voir de quel ton était soumise cette conjecture aujourd'hui erronée !

(3) Mon livre est fait pour servir et j'entends bien qu'on le pille ! Mais j'écris à vous et non à d'autres, — à vous qui prenez des airs de victime ! Voici trente ans que vous prétendez vous occuper de Philippe de Ramefort. Avez-vous jamais pensé à nous indiquer où se trouvait Ramefort, — avant la réception de ma livraison dernière? Et faut-il vous dire que j'ai fait, moi, trois voyages à Longué pour l'apprendre? — Et dans votre dernier semis de chartes angevines, *Bibl. de l'Ec. de Ch.*, 1875, p. 394, note 1, — pour ne point vous chercher trop loin, — où prenez-vous *toutes* vos indications sur la forêt de *Nid-de-Merle*, si ce n'est dans mon article sur Limeslc (*Dict.*, t. II, p. 513), que vous ne citez pas, mais que vous copiez ; comme

je vous défie encore d'y relever même une insinuation lointaine
contre vos pratiques ou vos livres gros ou minces. Vos erreurs,
quand je les rencontre et nombreuses, — quoique vous n'ayez
jamais osé aborder un point d'étude ou de critique sérieuse, —
j'ai toujours pris soin de les dissimuler en les rectifiant, tandis
que j'affiche, autant que je puis, les miennes, visant la seule recherche de la science avec une sincérité que vous êtes le seul à
diffamer. Mon carquois pourtant n'est pas vide ; — mais c'est à
vous de nous raconter, si le cœur vous tente, la confection de vos
Archives d'Anjou et la belle et longue lettre que vous adressa
le vieux Toussaint Grille, — je l'ai lue et pu copier, — indigné
d'avoir avec vous préparé, rédigé même, à son dire, le premier
volume sans y voir même mentionner son nom; — ou ces *Chro-
niques des comtes d'Anjou*, votre grand titre de gloire, dont le
manuscrit harcela dix ans la *Société de l'Histoire de France* et
dont en fin de compte il fallut demander à ce brave, modeste
et si savant Mabille l'*Introduction*, œuvre supérieure, celle-là,
vraie source de rénovation de notre histoire angevine, qui con-
trôle, redresse et bouleverse votre édition même et qu'après
avoir tout fait pour la supprimer (1), vous traînez aujourd'hui
aux flancs de votre vanité inconsolée, — et cette série de publications, d'invention si charmante : *Une charte par canton*, qui
vous permet de vider, sans peine aucune — et sans autre mérite,
— vos cartons encombrés, à l'admiration du monde savant, à la

---

à une page voisine, page 428, vous donnez pour inconnus sur la Chapelle
Saint-Laud des documents, utilisés avec nombre d'autres, deux ou trois ans
avant vous dans mon article... sur la Chapelle-Saint-Laud ! La série serait
longue, mais ce n'est pas moi qui me plains ! — Me suis-je plaint, quand
un de vos acolytes d'Angers m'a « emprunté » complétement et sans y
changer rien un long travail sur les *Tremblements de terre en Anjou*, l'a
adressé *sous son nom* au Ministre de l'instruction publique, et, ce qui est
plus fort, l'a réimprimé tel quel, à Angers, en s'en vantant et *en n'y
ajoutant que son nom !* C'est en province que ces méfaits-là paraissent
impossibles, — et ils ne se voient qu'en province !

(1) « En me parlant de Marchegay, — m'écrivait Mabille le 10 décembre 1868, — vous renouvelez toutes mes douleurs. »

douce joie de vos confrères. Encore prenez garde et veillez à vos promenades à travers l'Aunis et la Saintonge, d'où j'ai entendu gronder quelque orage sur vos aventures. S'il éclate, vous aurez la consolation de pouvoir rappeler là-bas, comme aux angevins, « ces jours heureux », dont j'ai vu les derniers rayons, quand dans l'élan de votre grand cœur, après une rapide traversée le long de notre salle d'archives, qui ce jour-là me paraissait immense, vous m'installiez, moi, débutant naïf, avec ces généreuses paroles : « Mon cher confrère, tout le monde ici m'en « veut, du haut en bas ! vous comprenez !... tirez-vous de là ! »

Que tous mes jeunes camarades, que j'ai vus si fort en peine d'eux-mêmes, — tous ceux qui m'écrivent pour un bon conseil, — tous ceux, à qui, sans les connaître et sur leur seul titre, au premier jour, j'ai livré librement mes notes, mes rapports, mes papiers, ma correspondance publique et privée, — tous ceux enfin qui débutent ou qui se souviennent, apprécient ce trait de caractère ! — Je m'en suis tiré pourtant, — avec quelque honneur peut-être, — sous le coup incessant de votre surveillance attentive, trouvant pillé, gâché, fauché le terrain même inoccupé et main mise sur toute lande en friche, et malgré tout frayant ma voie en plein bois, où je puis passer debout et où j'entends les pas amis, qui me suivent !

Et pendant que j'achève, écœuré et déjà tout indifférent à votre outrage, mille bruits m'entourent ; des voix lointaines m'arrivent : « Accourez, accourez-nous vite ! c'est le 30 mai ! le « grand banquet confraternel ! le banquet de la grande année ! « *L'année des Deux prix Gobert* ! Que votre place ne reste pas « vide ! que votre voix réponde à notre toast d'honneur ! » Oh ! quelle fête ! revoir dans ces conditions inespérées les maîtres qui me sont tous restés fidèles, les camarades dispersés à tous les vents de la vie, les vieux, les jeunes, les connus, les inconnus, tout ce monde affectueux de travailleurs, qui me font une place au premier rang ! Quelle fête ! — J'y manquerai pourtant ! — Mais vous ! vous qui vivez d'indépendance et que ne retiennent, — si vous n'avez quelque procès en train, — ni voisins ni famille, que n'y

allez-vous recueillir votre applaudissement et apaiser, par la vue
des gens heureux de leur amitié même, ces irritations malsaines,
que la solitude exaspère, en transformant, — même dans les
cœurs bien-nés, comme le vôtre, — l'ambition généreuse en
intrigue, l'émulation loyale en envie et, pour tout dire d'un mot,
tout effort honnête en impuissance?

Célestin PORT.

*Ce qui n'était pour moi, qu'une espérance, quand j'écrivais
ces lignes, est devenu pendant l'impression une réalité. Dans sa
séance du vendredi 25 ~~juin~~ mai, l'Académie des Inscriptions et
Belles-Lettres a décerné au Dictionnaire historique de Maine-
et-Loire, à l'unanimité de 32 votants, le grand prix Gobert,
et par une double chance, un autre élève de l'École des Chartes,
un angevin, obtient cette année aussi le grand prix Gobert de
l'Académie Française!*

*C'est non-seulement pour l'École, mais pour l'Anjou l'année
des deux prix Gobert.*

C. P.

INVENTAIRES COMPARÉS

INVENTAIRE CÉLESTIN PORT.

E 1. (Volume.) In-folio, contenant 60 pièces, parchemin, 71 pièces, papier, 759 feuillets,
1 table, 8 feuillets, papier.

1183-1689. — Administration de l'Hôtel-Dieu. — Fol. 1-3, confirmation par Philippe de Romefort, de l'établissement, fait par son père Étienne, de quatre chapelains en l'aumônerie Saint-Jean (originaux, XII° siècle et copies); — fol. 5, 10, 12, consentement donné par Emma, abbesse du Ronceray, à la précédente fondation, à condition que le nombre des chapelains ne puisse être augmenté sans son aveu, que leur office ne soit pas public et qu'il ne puisse commencer qu'après l'évangile de la première messe de l'église de la Trinité (1183, orig. et copie); — fol. 7, confirmation par le pape Clément III de l'établissement, fait en ladite aumônerie par Henri II, roi d'Angleterre et comte d'Anjou, de dix chanoines de Saint-Augustin, dix frères convers et dix sœurs (1190); — fol. 8, réception de Guillaume Auberée, comme prieur, par l'évêque d'Angers, Guillaume de Beaumont (1209); — fol. 13-26, transaction et accords entre l'abbesse du Ronceray et les Frères de l'Hôtel-Dieu, qui s'engagent à lui soumettre la nomination de leur prieur et à accompagner ladite abbesse en certaines processions (1209); — fol. 27, règlement intérieur de l'aumônerie (en latin, 16 février 1408), traitant 1° du service ecclésiastique, 2° de la réception des pauvres : deux fois par semaine, des agents doivent les aller recueillir en ville; ceux qui se présentent à la porte les autres jours, sont reçus, s'il y a lieu, par le portier, confessés, communiés et portés dans un lit. Leur dîner a lieu avant celui des frères, et toutes les sœurs y doivent assister pour servir leurs seigneurs les pauvres. On ne reçoit pas les lépreux, les ardents, les paralytiques, les aveugles, les larrons qui viennent d'être mutilés ou marqués ni les enfants exposés; on admet jusqu'à convalescence les femmes enceintes; il n'y a point de nombre délimité de malades parce que la maison est à eux et qu'elle est tenue de recevoir indifféremment tous ceux à qui elle peut suffire, *de infirmis non est numerus diffinitus, quia domus eorum est et ideo indiferenter ad omnes quos recipere debet et quibus sufficere potest, domus recipiendos tenetur;* 3° de la réception des frères et des sœurs et

INVENTAIRE PAUL MARCHEGAY.

Numéros.	TITRE, NOM OU OBJET,	DATE des pièces.	VOLUME cahier ou liasse.	NOMBRE des folios ou pièces.	Observations.
	Hôtel-Dieu. — *Administration.*				
1	*Titres originaux et copies.*	*1183-1658* (1)	*1 vol. in-fol. relié en parchemin.*	758	
244	*Mélanges provenant du triage* (2).		*Liasse.*		
236	*Procédures de Robert de Blavon, prieur de l'Hôtel - Dieu, contre les bourgeois et marchands d'Angers.*	XVIe siècle.	*Cahier in-4o.*	(3)	

(1) Cette date est fausse. Mon savant confrère a pris la première et la dernière pièce dans l'ordre de la reliure ; mais le volume est divisé par chapitres, et il aurait trouvé un document de *1689*, comme je l'indique, au fol. 590. — L'article correspond à mon E 1, dont la rédaction comprend plus de trois grandes colonnes in-4e d'impression. Je le reproduis vis-à-vis. Il se continue aux pages 26, 28, 29 et 30.

(2) Joli titre ! — Sans date ! sans indication du nombre de pièces ! — Je n'ai rien à mettre en correspondance dans mon inventaire pour cet article, qui a été classé et divisé, — au risque que mon très-savant confrère ne m'accuse de supprimer ses divisions.

(3) Manque le nombre des folios — et la date exacte qui est *1531*. — C'est mon article B 226. Je le reproduis à la page 30.

des engagements qu'ils prennent en entrant, 4° de l'administration du bien des pauvres ; 5° des punitions ; 6° de l'office des morts ; — fol. 28, confirmation par le roi René d'Anjou des lettres du roi de France Jean (1351) et du comte d'Anjou Louis II (1358) qui exemptent l'Hôtel-Dieu de tout subside de guerre (1451) ; — fol. 38, arrêt du Parlement de Paris qui confie la régie de l'Hôtel-Dieu à de notables bourgeois nommés par le conseil de ville (28 juin 1548) ; — fol. 39, sentence de la Sénéchaussée d'Angers, qui lève la main mise sur le temporel des chapelles des religieux, ne faisant pas partie des propres de l'Hôtel-Dieu (1549) ; — fol. 43, plaidoyer pour les bourgeois, délégués en l'administration par la ville, contre Robert de Blavon, soi-disant prieur de l'Hôtel-Dieu (8 mars 1553) ; — fol. 128, arrêt du Parlement de Paris, en faveur dudit prieur (20 mars 1553) ; — fol. 140, procès-verbal de réformation du prieuré de l'Hôtel-Dieu (19 mai 1554), — fol. 195, arrêt du Parlement qui fait défense de troubler en ses fonctions Alexandre Longuet, commissaire délégué au gouvernement de l'Hôtel-Dieu (17 juin 1558) ; — fol. 201, lettres patentes du roi de France Henri II, portant évocation au Grand Conseil de la cause pendante entre Robert de Blavon et les bourgeois d'Angers (25 novembre 1558) ; — fol. 279, arrêt du Parlement de Paris, qui commet l'administration à quatre bourgeois, chargés de nommer un receveur comptable (6 mai 1559) ; — fol. 303, requête des religieux au sénéchal d'Anjou, afin de n'être plus nourris aux frais de leur prieur (juillet 1559) ; — fol. 307, mémoire pour la réforme des religieux (xvie siècle) ; — fol. 321-354, procès-verbal d'installation de la nouvelle administration des bourgeois en remplacement des religieux, qui, suivant l'exposé de Grimaudet, parlant pour le procureur du Roi, en étaient venus à « entrer dans l'héritage des « pauvres comme loups ravissans » et n'y prenaient d'autre soin que « d'af-« fermer les revenus, ravir les deniers des fermes « et, pour le regard des « pauvres, leur distribuer aulmosne à coupz de bastons » (10 juin 1559) ; — fol. 356, conclusion du Conseil de ville, qui règle la nourriture du prieur et des religieux (12 juillet 1559) ; — fol. 357, transaction par laquelle les administrateurs cèdent à Robert de Blavon, en échange de 300 livres, qui lui avaient été allouées par arrêt, la jouissance des terres de Fontaine-Berson et de Cullay ; — fol. 372, édit du roi de France Charles IX, portant que tous les hôpitaux et autres « lieux pitoiables » seront régis par les administrateurs, et les titulaires bénéficiers indemnisés par une rente de 140 livres (12 mai 1561) ; — fol. 374, arrêt du Parlement de Paris, qui réglemente l'administration de l'Hôtel-Dieu du Mans (13 septembre 1577) ; — fol. 380, compte final entre les administrateurs et les religieux de l'Hôtel-Dieu d'Angers, au sujet des pensions, pitances et vêtements desdits religieux (20 septembre 1582), — fol. 392, renonciation par le prieur à la jouissance des lieux de Fontaine-Berson et de Cullay, à charge d'être logé commodément en l'Hôtel-Dieu et d'y avoir la pitance et le vestiaire, comme les autres religieux (21 septembre 1582); — fol. 406, conclusion du conseil de ville, portant ordre de poursuivre la réforme des religieux, attendu « les grands désordres de vie et mœurs « qui sont de la plupart...; desquels neuf religieux y en a cinq prestres et « quatre non prestres et deux d'iceulx mutilés des bras et inhabilles à « estre prestres » (9 avril 1619); — fol. 410, exposé « des dommages que « l'hospital Saint-Jean reçoit de la part des prieur et unze religieulx « d'icelluy »; outre le défaut de service religieux et des confessions et la dilapidation des deniers des pauvres, « la pluspart... causent telz scan- « dalles que aucune femme ne fille pieuse n'auseroit dans ledit hospital « exercer aucun acte de charité, sans en rapporter de la reproche, qui « fait cesser toutes fonctions de personnes dévotes, qui autrement « avoient accoustumé de subvenir ausdits pauvres »; — fol. 414, extrait du procès-verbal de la visite du prieuré, faite par l'évêque d'Angers (1620); — fol. 430, traités passés avec les administrateurs par le prieur, qui consent à éteindre et supprimer le titre et bénéfice de prieuré (11 dé- cembre 1620), reconnait le droit de présentation des religieux et l'éta- blissement d'un réfectoire commun (24 août 1628) et consent à rendre triennales et électives ses fonctions (7 mai 1628), — fol. 464, lettres patentes du roi Louis XIII, confirmant cette dernière transaction (19 mars 1633, avec signature autographe); — fol. 475, consentement des chapelains de la Saullaye et de l'Auge-de-Pierre pour la réunion projetée de leur temporel à la mense des pauvres (24 décembre 1652); — fol. 485, réglement pour la pitance des prêtres de l'hôpital (1653); — fol. 497, con- cordat entre le général des chanoines réguliers de la congrégation de France et le sieur René Leheurt, prêtre « chanoine régulier non toutes- « fois expressément profès du prieuré conventuel de Saint-Jean-l'Évangé- « liste, » par lequel « le prieuré conventuel et monastère de Saint-Jean « l'Évangéliste, offices claustraux, bénéfices, chapelles, ensemble la mense « conventuelle, » sont unis, agrégés et incorporés à perpétuité à la congrégation, et la réforme de l'ordre introduite dans la maison (12 février 1654); — fol. 523, arrêt du Parlement de Paris, qui ordonne l'exécution des arrêts et règlements antérieurs (1er juillet 1654); — fol. 544, assemblée générale des paroisses et délibération du Conseil de ville, por- tant conclusion que le spirituel de l'Hôtel-Dieu sera administré, conformé- ment à la pratique de l'Hôtel-Dieu de Paris, par des prêtres, amovibles à la volonté de l'évêque sur la plainte des administrateurs, que le revenu des bénéfices sera réuni à la mense des pauvres, les titres supprimés et la pitance et vestiaire fournis aux prêtres vivant en communauté (24 no- vembre 1654); — fol. 548, consentement donné par l'abbesse du Ronceray à la prise de possession par les religieux de Toussaint d'Angers du prieuré de l'Hôtel-Dieu (8 juin 1655) ; — fol. 582, factum pour les administrateurs contre les chanoines réformés de la Congrégation de France (1659) ; — fol. 586, arrêt du Parlement qui déboute les chanoines de leurs prétentions (9 décembre 1660) ; — fol. 589, autre arrêt qui fait défense aux prêtres servant en l'Hôtel-Dieu de s'absenter sans en avoir averti les administrateurs (23 septembre 1685) ; — fol. 606, procédures contre le sacristain (XVIIe siècle) ; — fol. 728, arrêt de la Prévôté d'Angers qui assigne aux prêtres de l'Hôtel-Dieu, pour pitance journalière, deux livres de pain, deux pintes de vin, mesure de Montsoreau, et 6 sous 6 deniers pour leur tenir lieu de viande (19 septembre 1654).

B 226. (Registre). — In-folio, papier, 195 feuillets.

1531. — « Copie des extraictz faictz à la requeste de frère Robert « Blavon, soy prétendant prieur titullaire de l'hôpital et maison-Dieu « d'Angiers, faiz par davant monsieur Le Divin, enquesteur d'Angiers et « commissaire en ceste partie contre les bourgeois marchands d'Angiers », contenant les contrats d'acquêts par le prieur et les religieux de rentes en argent, les titres de fondation de l'Hôtel-Dieu, le don par Jeanne Briand du Lieu de La Lande, près Mayenne-La-Juhée, la sommation faite par le prieur à Pierre Fabry de mener une vie régulière et de coucher au dortoir, etc.

E 7. (Registre). — In-folio, papier, couvert en peau de bique, 181 feuillets.

1586-1672. — « Papier pour enregistrer les ordonnances et conclu- « sions faites par nous Jehan Pichon, Françoys Coustard, René Flauceau « et André Soreau, maîtres administrateurs. » — Fol. 1, René Guespin, sergent féodal et portier de l'Hôtel-Dieu, enregistrera dorénavant l'entrée, le décès ou la sortie des pauvres (1er juin 1586) ; — fol. 3, attendu « la « grande stérilité et cherté des vivres », les lavandières nourries à la journée sont rationnées (2 juillet 1586) ; — fol. 4, défense de donner vin aux malades sans l'avis du médecin ; le vin des divers serviteurs rationné ; il sera tenu registre de la vente des habillements des décédés ; le receveur ne pourra recevoir ni renvoyer aucun serviteur ni ouvrier ; remplacement du médecin « qui ne vient qu'une fois la sepmaine, qui n'est pas « suffisamment », par Martin Frogier, docteur en médecine, qui s'engage à venir trois fois et plus s'il est besoin (15 août 1586) ; — fol. 8, remonstrances aux religieux, qui pillent le jardin des pauvres (19 octobre 1587) ; — fol. 10, défense aux pêcheurs de vendre aucun poisson sans l'assistance

Numéros.	TITRE, NOM OU OBJET.	DATE DES PIÈCES.	VOLUME cahier ou liasse.	NOMBRE DES FOLIOS ou pièces.	Observations.
	Conclusions Capitulaires et Conventions parti- culières.				
11	Conclusions.	1er juin 1586 14 d. 1712 (1)	vol. in-fol.	131 (2)	Dont il n'y a pas d'actes devant no- taires.
12	Item. (3)	19 avril 1640 22 déc. 1712	Item.	187	
13	It. (4)	5 janv. 1713 28 juin 1759	Item.	219	
14	Conventions (1er re- gistre). (5)	1693-1706.	Cahier.	50	Le 2e registre manque.
15	Item (3e registre).	1712-1720.	Item.	64	
16	It. (4e registre).	1720-1734.	vol. in-fol.	75	
17	It. (5e registre).	1734-1742.	Item.	100	

(1) *Sic* dans les deux copies — au lieu de *1679* qu'il fallait mettre. — L'article correspond à mon article E 7, qui comprend 1 col. 1/2 d'*impression* in-4°. Je le re- produis vis-à-vis, aux pages 30 et 32.

(2) *Sic* dans les deux copies, au lieu de *181*.

(3) C'est mon article E 8, qui comprend 2 grandes colonnes in-4°. Je le ré- produis aux pages 32, 34 et 36.

(4) C'est mon article E 9, qui comprend 2 colonnes in-4°. Je le reproduis aux pages 36, 38 et 39.

(5) C'est mon article E 14, que je reproduis ainsi que les articles E 15-16 corres- pondant aux deux qui suivent — j'ai cru pouvoir m'arrêter là, — pour obéir aux exigences typographiques.

d'un officier de l'Hôtel-Dieu (31 mars 1588) ; — fol. 12, « advertissement
« de MM. les administrateurs de l'Hôpital et Maison-Dieu d'Angers à leurs
« successeurs de l'estat comme le pain, vin, chair, poisson et aultres
« choses se distribuent chacun jour audict hospital, tant aulx religieux,
« malades, serviteurs, servantes et officiers de ladite maison. » — Le ré-
dacteur, René Flauceau, sieur de La Violette, accompagne sa signature de
cette devise : *Ung Dieu tout seul, une dame et ung Roy*, 1588 ; —
fol. 21, Guillemine Chapillon « qu'auparavant estoit servante », nommée
gouvernante des pauvres (31 janvier 1601) ; — fol. 23, règlement pour le
dépensier et le boulanger (30 juin 1601) ; — fol. 29, André Briffaud, maître
maçon, chargé de refaire l'arche du moulin de L'Hommeau (16 juillet 1602) ;
— fol. 44, Rose Baillif, priée d'accepter la charge de gouvernante des
pauvres, déclare que « lorsqu'elle est entrée audict hôpital, son intention
« n'estoit pas d'y demeurer... mais que pour le présant, voiant, par la
« grâce de Dieu, qu'elle se treuve assez puissante pour satisfaire à ladicte
« charge, qu'elle croit ne pouvoir mieux employer son âge pour la gloire
« de Dieu et à chose plus digne, et considéré les prières qui luy en sont
« faictez, qu'elle est contente d'y donner le reste de ses jours » (28 février 1611) ; — fol. 50, accord avec Antoine Collard, maître vitrier, pour
la confection des verrières de l'Hôtel-Dieu (20 mars 1614) ; — fol. 53, les
pauvres auront un potage de plus le soir en carême (9 février 1617) ; —
fol. 55, frère René Duboys, religieux de l'Hôtel-Dieu, entretenu d'une
pension de 110 livres pendant ses études chez les Jésuites (21 mai 1624) ;
— fol. 65, messire Nicolas Morant, docteur régent en la faculté de médecine d'Angers et médecin ordinaire de l'Hôtel-Dieu, invité à continuer ses
visites quotidiennes aux malades (23 avril 1626) ; — fol. 66, messire
François Poisson, nommé en la même charge (2 juin 1631) ; — fol. 72,
Claude Bruneau, avocat, nommé sénéchal de l'Hôtel-Dieu, Pierre Viel,
greffier (3 mai 1670) ; — fol. 169, acceptation par le bureau du legs fait par
Lucrèce Maumussard d'une somme de 300 livres « aulx conditions que
« icelle somme sera employée pour ayder à construire et bastir une
« bouticque d'apoticquaire avec ses ustansilles au dedans dudit hospital...
« à ce que doresnavant les pauvres mallades soient assistez par un servi-
« teur apoticquaire logé, nory et gagé pour y faires toutes médecines,
« onguans et aultres choses ordonnées par les médecins et sirurgiens »
(27 octobre 1615).

E 8 (Registre.) — In-folio, papier, 187 feuillets.

1640-1712. — « Pappier à registrer les conclusions arrestées par
« MM. les maistres administrateurs de l'Hostel-Dieu. » — Fol. 4, réception
de messire Julien Boisineux, docteur régent en l'Université d'Angers,

Numéros.	TITRE, NOM OU OBJET.	DATE DES PIÈCES.	VOLUME cahier ou liasse.	NOMBRE DES FOLIOS ou pièces.	Observations.
	Service Divin et Service Médical.				
214	*Service divin. Règlements, Provisions, Indulgences et autres pièces.*		*Liasse.*		
220	*Etats de répartition des Fondations entre les prêtres de l'Hôtel-Dieu.*	*XVIᵉ et XVIIᵉ siècle.*	*3 registres in-fol.*		
237	*Procédures pour les Administrateurs contre les prêtres de l'Hôtel-Dieu.*	*1650-1660.*	*Liasse.*		*Insignifiant.*
213	*Pièces concernant le service médical et spécialement les Sœurs Grises. (1)*		*Liasse.*		

(1) Il manque à ces quatre articles les indications principales, et le dernier n'est même pas suffisant pour mémoire. — J'arrête ici toute observation.

pour médecin de l'hôpital, en remplacement de François Ruellan, démissionnaire (2 janvier 1648); d'Antoine Guélier en la même charge par la démission de Julien Boisineux (20 mai 1649); — fol. 5, demandé à M¹¹ᵉ Legras de trois nouvelles sœurs servantes, attendu le petit nombre desdites sœurs « souvent malades à cause du trop grand travail » (19 septembre 1651); — fol. 7, réception d'Yves Le Bour ou de Bourg, en la charge de médecin (1ᵉʳ mars 1655); — fol. 12, règlement pour la reddition des comptes du receveur (29 avril 1656); — fol. 19, translation près la porte d'une sépulture autrefois placée au milieu, puis au bout de la salle des malades, qu'on agrandit (9 août 1657); — fol. 23 et 25, visite et règlement de l'apotichairerie (20 avril 1658-27 février 1659); — fol. 27, plaintes du cuisinier contre un des prêtres qui le veut battre (25 mars 1659); — fol. 28, nouveau règlement pour la distribution du vin aux officiers et serviteurs de l'hôpital (18 octobre 1658); — fol. 32 et 97, création de services anniversaires pour les administrateurs décédés et de prières pour les agonisants (13 juillet 1662-20 décembre 1685); — fol. 34, réception de P. Hunault en la charge de médecin (14 septembre 1662), — fol. 53, toute décision devra être prise en assemblée du bureau (21 février 1675); — fol. 53, réception de trois sœurs envoyées par les prêtres de la Mission en remplacement de sœurs infirmes ou décédées (22 février 1675); — fol. 58, le nombre des sœurs, de 20 porté à 22 (29 août 1675), puis à 25 (janvier 1676); — fol. 65, rapport des lettres patentes de septembre 1644, qui accordent la maîtrise aux compagnons chirurgiens après 6 ans de service en l'Hôtel-Dieu (7 juillet 1678); — fol. 72, partage en cinq lots des affaires et des domaines de l'Hôtel-Dieu à répartir entre les administrateurs sous la surveillance et la responsabilité de chacun d'eux (22 février 1680); — fol. 34, le docteur Pottier adjoint au docteur Hunault, attendu le très-grand nombre des malades (1ᵉʳ juillet 1683); — fol. 85, règlement pour les visites des médecins auxquels sont autorisés à s'adjoindre gratuitement, sur leur demande, les docteurs Besnard et Rabut (14 août 1680), — fol. 86, les administrateurs, à tour de rôle, seront tenus une semaine de faire visite journalière à l'Hôtel-Dieu (30 décembre); — fol. 89, la fondation de la duchesse de Brissac n'étant pas servie, les 20 pauvres paralytiques reçus sur la présentation du duc sont expulsés « sans qu'il puisse à » l'avenir en être reçus d'autres à leur place, sinon et au cas que l'on fût » payé des intérêts deubz et que l'on fût distribué de la somme principale » (20 juillet 1684); — fol. 92, 93, ordre d'enclore le cimetière des pauvres, conformément aux clauses du testament de Trollant, prêtre (10 mai 1685); — fol. 93, règlement pour l'heure de la fermeture des portes de la maison, qu'on n'ouvrira plus de nuit, « si ce n'est pour aller » quérir la matrone pour la nécessité pressante des pauvres femmes » grosses » (15 juin); — fol. 96, prise en adjudication par l'Hôtel-

Numéros.	TITRE, NOM OU OBJET.	DATE DES PIÈCES.	VOLUME cahier ou liasse.	NOMBRE DES FOLIOS ou pièces.	Observations.
	Pensionnaires.				
285	Dons et pièces diverses.		Liasse de 2 dossiers.		
223	Sommier des Pensions et Rentes viagères	1764-1771.	1 vol. in-fol.		

Dieu de la démolition du temple de Sorges (23 août); incendie de la
métairie de La Haye-Le-Roi en Saint-Barthélemy (30 août); — fol. 98,
le docteur Pottier, au refus de ses honoraires, est gratifié d'un
boisseau de sel de 28 livres pesant, annuellement (24 janvier 1686); —
fol. 104, requête d'Anne Duchesne, veuve de Charles-François Huet de La
Valinière, à ce que les biens du sieur Huet de La Petite-Rivière, qui
devaient revenir à ses enfants, ayant été donnés par lui aux pauvres de
l'Hôtel-Dieu, « et personne n'étant plus pauvre que la suppliante et ses
« enfants », il lui soit constitué une rente viagère pour lui aider; l'Hôtel-
Dieu, sur l'autorisation de l'évêque, de M. d'Autichamp et du maire, lui
alloue 120 livres de rente viagère (25 mai 1687); — fol. 114, les docteurs
Pottier et Rabut, chargés du service de l'Hôtel-Dieu en remplacement
d'Hunault, décédé; nouveau règlement pour la visite des malades
(12 mai 1689); — fol. 129, le docteur Ledoisne remplace le docteur
Pottier, décédé (30 janvier 1695); — fol. 130, les trois autres médecins
refusent de servir avec lui; il est maintenu par les administrateurs
(6 mars), qui passent avec lui un traité exclusif et lui accordent le droit de
s'adjoindre un collègue; il désigne le docteur Boussac (10 avril 1696); —
fol. 139, règlement du service des chirurgiens « pour faire cesser les
« différents qui se rencontrent entre le maître et les serviteurs »
(18 mai 1698); — fol. 143, le nombre des sœurs, dont huit sont malades
par suite de travaux excessifs, augmenté de trois (14 janvier 1700);
— fol. 145, règlement portant uniformité absolue dans la sépulture des
pauvres de l'Hôtel-Dieu pour remédier « principalement à l'abus de ceux
« qui, ayans des moyens suffisans de subsister, ne laissent pas de s'y pré-
« senter et d'y être reçeus dans l'espérance qu'un enterrement solennel
« diminuera la confusion d'avoir demeuré dans ledit Hôtel-Dieu »
(4 avril 1700); — fol. 165 et 178, démolition des moulins des Treilles
(11 juin 1708-7 mai 1711); — fol. 173, règlement pour la nourriture d'une
pensionnaire (30 janvier 1710); — fol. 180, le nombre des médecins reporté
à quatre, et les docteurs Ledoisne, Hunault, Guérin et Naudin nommés
pour neuf ans (23 avril 1712).

E. 9. (Registre.) — In-folio, papier, 219 feuillets; 2 tables, papier, 32 feuillets.

1712-1759. — Délibérations du bureau des maîtres administrateurs
de l'Hôtel-Dieu. — En tête, note sur la construction des autels de l'église
(6 juillet 1740); — fol. 4, mesures pour arrêter la réduction des rentes
dues à l'Hôtel-Dieu (18 janvier 1714); — fol. 7, commission pour l'achat
de la terre de Gilbourg dans la paroisse de Faye (28 février 1715); —
fol. 9, règlement pour les chirurgiens (14 novembre 1715); — fol. 17,

Numéros.	TITRE, NOM OU OBJET.	DATE DES PIÈCES.	VOLUME cahier ou liasse.	NOMBRE DES FOLIOS ou pièces.	Observations.
	Mobilier et Cheptels.				
212	Inventaires des meubles de l'Hôtel-Dieu.	XVIe siècle.	5 gros cah. in-folio et in-4°.		
205	Livre des Cheptels.	1380-1407.	Cahier in-4°.		

mémoire au sujet du legs de 40,000 livres fait par M. Baudard; observations des héritiers qui offrent de faire don de partie de la somme aux hôpitaux de l'Élection, « en chargeant d'y recevoir les malades des « paroisses circonvoisines, mais aussy d'y faire donner les remèdes qui « leur seront demandés » par les pauvres ou par les curés; décision de l'évêque; acceptation par le bureau, à charge entre autres conditions de donner deux ou au moins un lit particulier dans les salles à la disposition des héritiers et leurs descendants, en faveur d'un ou de deux pauvres malades de cette Élection successivement, et de faire placer une plaque commémorative dans une des salles (25 janvier 1720); — fol. 28, les docteurs Naudin, Paulmier et de La Touche-Corbeau, continués en leurs fonctions (5 juin 1721); — fol. 33, 50, de même les docteurs Paulmier, de La Touche, Belliard-Delisle et Jouanneaux (6 juin 1726); — fol. 44, à la demande d'Hélène Lefèvre, la somme de 100 livres, qui ne devait être délivrée qu'après son décès par l'hôpital pour la fondation d'une école de charité dans la paroisse Saint-Michel-La-Palud, est ordonnancée (17 janvier 1732); — fol. 53, renonciation aux legs de MM. Gourreau et Trébuchet, plus onéreux qu'utiles (4 mars 1734); — fol. 55, don annuel aux Récollets et aux Capucins de cent livres de viande pour leurs malades pendant le carême (17 février 1735); — fol. 71, nouveau traité avec les docteurs Paulmier et Belliard-Delisle (30 avril 1739); — fol. 88, Jean Mirault admis comme garçon chirurgien (29 mai 1745); — fol. 104, les administrateurs prennent fait et cause pour Jean Labonne, garçon chirurgien, contre les maîtres chirurgiens de l'Hôtel-Dieu et sur la persistance de la cabale, donnent leur démission (27 juillet 1750); — fol. 109, l'Hôtel-de-Ville l'accepte en blâmant la conduite des administrateurs et promulgue un nouveau règlement pour les chirurgiens et leurs rapports avec les garçons et les administrateurs (1er août 1750); — fol. 112, installation des quatre membres du nouveau bureau, René Prégent, Pierre Esnault, J.-B. Aubin de Nerbonne et François Berger (23 août 1750); — fol. 115, don anonyme de 1,400 livres à l'Hôtel-Dieu « à condition qu'il sera mis de « la volaille dans les bouillons des plus malades » (4 mars 1751); — fol. 126, concours des candidats garçons chirurgiens de l'Hôtel-Dieu (28 mars 1751); — fol. 116, 118, dons d'un anonyme pour la confection d'une buanderie et d'une pompe (23 mars 1751); — fol. 121, offre par les docteurs Paulmier et Berthelot, au nom de la faculté de médecine d'Angers, de desservir gratuitement l'hôpital, sous la seule réduction à 10 livres de la capitation des médecins; l'Hôtel-de-Ville refuse; le bureau de l'Hôtel-Dieu en appelle au Grand Conseil (19 août 1751); — fol. 125, nouveau traité avec les docteurs Paulmier, Belliard-Delisle, Jouanneaux, Burolleau de Feale, Naudin des Brosses, de Boussac, Reyneau, Berger, Berthelot Du Paty, Gaudin-Duplessis, Buffebran Du Coudray et Verrye;

l'allocation annuelle de 300 livres est portée à 450 livres au lieu de 600
livres qu'ils demandaient (16 mars 1752) ; — fol. 139-140, nouvelles contes-
tations avec les chirurgiens, qui requièrent l'expulsion du sieur Legrout,
garçon chirurgien gagnant maîtrise (21 avril 1754) ; — fol. 146, il est
maintenu par les administrateurs, puis expulsé pour insolences (17 novembre 1754), — fol. 150-152, nomination de trois chirurgiens rétribués
(9 janvier 1755) ; fol. 164, cahier des charges pour l'adjudication des bois
de La Prézaye en Jarzé (21 janvier 1756) ; fol. 168, confection d'instruments
de chirurgie (13 mai 1756) ; — fol. 183, legs par l'évêque d'Angers,
J. de Vaugirauld, de son mobilier aux trois hôpitaux d'Angers (24 juin 1758) ;
fol. 184, traité avec le fermier pour la reconstruction du moulin de La
Roussière (30 juillet 1758) ; — fol. 200-218, traités passés avec les rentiers
de l'Hôtel-Dieu, qui ont accepté par charité la réduction de la rente du
denier vingt au denier quarante pour aider à réparer les pertes subies par
l'Hôtel-Dieu à la réduction des rentes royales (1720-1723).

E 14. (Registre.) — In-folio, papier, 50 feuillets.

1693-1706. — « Registre des conventions particulières dont il n'y a
« pas d'actes devant notaires » passées en l'assemblée du bureau et cer-
tifiées par les administrateurs : contrats de rentes viagères, à fonds
perdus, consenties par l'Hôtel-Dieu au profit de Louis Blouin, capitaine au
régiment de la marine, Lefrère, Chaudet, Marie Chotard, Math. Bruneau,
Jean Lehoux, J.-B. Breteau, René Gohier, René Dubois de Lestang, etc.

E 15. (Registre.) — In-folio, papier, 64 feuillets.

1712-1720. — « Troisième registre (le second manque) des conven-
« tions particulières de l'Hôtel-Dieu dont il n'y a point d'actes notariés » :
— rentes viagères servies à Vincent Lanier, Renée Quettier, Élizabeth
Delhommeau, Pierre Bonvoisin, Jeanne Chantereau, Clair Omo, Rose
Gauguin, Jean Lalmant, maître à danser de l'Académie d'Angers, etc.

E 16. (Registre.) — In-folio, papier, 75 feuillets ; 2 tables, 3 feuillets, papier.

1720-1734. — « Quatriesme registre des conventions particulières
« de l'Hôtel-Dieu » : rentes viagères servies à Alexandre Joulain, curé de
Forges, Geoffroy Lenfant, Jean Poisson, Pierre Lemoine, Simon Bellière,
Nicolas Berson, Urbain Éon, Claude Béhier, etc.

Angers, imp. E. Barassé. — Germain & G. Grassin, successeurs. — 592-77.

www.ingramcontent.com/pod-product-compliance
Ingram Content Group UK Ltd.
Pitfield, Milton Keynes, MK11 3LW, UK
UKHW021014120726
13693UKWH00005B/1979